गीत-संग्रह

आरम्भ है प्रचण्ड

पीयूष मिश्रा

परिचय मुमकिन नहीं, न ही उन्हें पसन्द है। दोस्तों में 'पीयूष भाई' छात्रों में 'सर'। 1983-2003 तक दिल्ली में थियेटर किया। आजकल मुम्बई सिनेमा नगरी में व्यस्त हैं, इस उम्मीद के साथ कि बदलाव वहाँ भी होगा।

लेखक की अन्य किताबें

जब शहर हमारा सोता है (नाटक)
गगन दमामा बाज्यो (नाटक)
वो अब भी पुकारता है (नाटक)
सन् 2025 उर्फ़ इन्सीडेंट एट ट्वाइलाइट (नाट्य रूपांतरण)
कुछ इश्क़ किया कुछ काम किया (शायरी और कविता-संग्रह)
तुम मेरी जान हो रज़िया बी (कविता-संग्रह)
मेरे मंच की सरगम (थियेटर के गीत)
तुम्हारी औक़ात क्या है पीयूष मिश्रा (एक औपन्यासिक आत्मकथा)

पीयूष मिश्रा

आरम्भ है प्रचण्ड

राजकमल पेपरबैक्स

राजकमल पेपरबैक्स में
पहला संस्करण : 2018
चौथा संस्करण : 2024

राजकमल पेपरबैक्स : उत्कृष्ट साहित्य के जनसुलभ संस्करण

राजकमल प्रकाशन प्रा. लि.
1-बी, नेताजी सुभाष मार्ग, दरियागंज
नई दिल्ली-110 002
द्वारा प्रकाशित

शाखाएँ : अशोक राजपथ, साइंस कॉलेज के सामने, पटना-800 006
पहली मंजिल, दरबारी बिल्डिंग, महात्मा गांधी मार्ग, प्रयागराज-211 001
1, अनमोल सोराबजी संतुक लेन, धोबी तलाव, मरीन लाइंस, मुम्बई-400 002
वेबसाइट : www.rajkamalprakashan.com
ई-मेल : info@rajkamalprakashan.com

विकास कंप्यूटर एंड प्रिंटर्स
ट्रॉनिका सिटी-201 102
द्वारा मुद्रित

मूल्य : ₹ 199

ARAMBH HAI PRACHAND
Songs by Piyush Mishra

ISBN : 978-93-87462-90-8

अनुक्रम

ओ री दुनिया... 11

आरम्भ है प्रचण्ड 14

राणाजी म्हारे 16

जब शहर हमारा सोता है 19

कन्फ़्यूज़्ड प्रेम का वास्ता 22

चकमक 24

यारा...ओ मौला 27

ओ रात के मुसाफ़िर 29

अरे रुक जा रे बन्दे 31

1993 के धमाकों के बाद—पछतावा 33

रात हिंडोले पे 34

इक बगल में चाँद होगा 35

तेरी कह के लूँगा 37

बड़े वाले हरामजादे 39

आज दिल मनमौजी 42

आओ याद करें	44
चवन्नी	47
चक्की	50
सरपट आया कैसे खोखला ज़माना रे	51
फील गुड	52
अन्त यही है	54
तिरिया चरित	56
हुस्नाँ	59
घर	61
जवान पांडवों की एंट्री—हस्तिनापुर में	64
पांडवों का वनवास	66
शंकर स्तुति—ब्रह्मास्त्र के लिए	68
खांडव वन	70
अर्जुन-द्रौपदी की शादी	72
अर्जुन	75
एक सपने की लोरी	78
सरपट मुम्बई	80
जीने दो	83
मौत	85
ज़िन्दगी	87
गीत-महाकुम्भ	89
इक तरफ़ जीवन कहे कि साथ चल दे	91
अब मचेगा घोर हाहाकार	93
प्यारा सा एलियन	94

ये गाने सब लोग बहुत शौक़ से सुनते थे। सबकी ये इच्छा थी कि इनको समग्र रूप से प्रकाशित कर दिया जाए। तो कर दिया! आपके गाने हैं...आपके सामने...! पढ़िए...सुनिए...और मज़े लीजिए!

जून, 2018
मुम्बई

—पीयूष मिश्रा

फ़िल्म : गुलाल
संगीत : पीयूष मिश्रा

ओ री दुनिया...

(साहिर लुधियानवी को सलाम)

सुरमई आँखों के प्यालों की दुनिया ओ दुनिया...
सतरंगी रंगों गुलालों की दुनिया ओ दुनिया...
अलसाई सेजों के फूलों की दुनिया ओ दुनिया रे...
अँगड़ाई तोड़े कबूतर की दुनिया ओ दुनिया रे...
करवट ले सोई हक़ीक़त की दुनिया ओ दुनिया...
दीवानी होती तबीयत की दुनिया ओ दुनिया...
ख़्वाहिश में लिपटी ज़रूरत की दुनिया ओ दुनिया रे...
इन्सां के सपनों की नीयत की दुनिया ओ दुनिया...
ओ री दुनिया...

ये दुनिया अगर मिल भी जाए तो क्या है...
ममता की बिखरी कहानी की दुनिया ओ दुनिया
बहनों की सिसकी जवानी की दुनिया ओ दुनिया
आदम के हव्वा से रिश्ते की दुनिया ओ दुनिया रे...

बचपन को ताके बुढ़ापे की दुनिया ओ दुनिया रे...
मुफ़लिस की सूखी आँतों की दुनिया ओ दुनिया...
मालिक की भूखी आँखों की दुनिया ओ दुनिया...
ख़ूनी क़लम की इबारत की जैसी ओ दुनिया रे...
शायर के फीके लफ़्जों की दुनिया ओ दुनिया
ग़ालिब के मोमिन के ख़्वाबों की दुनिया
मजाजों के उन इंक़लाबों की दुनिया
फ़ैज फ़िराक़ों और साहिर और मख़्दूम
मीर की, ज़ौक की, दाग़ों की दुनिया...
ये दुनिया अगर मिल भी जाए तो क्या है

पल छिन में बातें चली जाती हैं
पल छिन में रातें चली जाती हैं
रह जाता है जो सवेरा वो ढूँढें
जलते मकाँ में बसेरा जो ढूँढें

जैसी बची है वैसी की वैसी
बचा लो ये दुनिया
अपना समझ के अपनों के जैसी
उठा लो ये दुनिया
छिटपुट-सी बातों में जलने लगेगी
सँभालो ये दुनिया
कट-पिट के रातों में पलने लगेगी
सँभालो ये दुनिया
ओ री दुनिया... ओ री दुनिया...

वो कहे हैं कि दुनिया ये इतनी नहीं है
सितारों से आगे जहाँ और भी हैं

कि हम ही नहीं हैं वहाँ और भी हैं
हमारी हरेक बात होती वहीं है
हमें एतराज़ नहीं है कहीं भी
वो आलिम है फ़ाज़िल है होंगे सही ही
मगर फ़लसफ़ा ये बिगड़ जाता है जो वो कहते हैं
आलिम ये कहता
वहाँ ईश्वर है
फ़ाज़िल ये कहता है वहाँ अल्लाह है
क़ाबिल ये कहता वहाँ ईसा है
मंज़िल ये कहती तब इंसान से कि
तुम्हारी है तुम ही सँभालो ये दुनिया
ये बुझते हुए चन्द बासी चिराग़ों
तुम्हारे ये काले इरादों की दुनिया
ओ री दुनिया...ओ री दुनिया...
ये दुनिया अगर मिल भी जाए तो क्या है...

फ़िल्म : गुलाल
संगीत : पीयूष मिश्रा

आरम्भ है प्रचण्ड

आरम्भ है प्रचण्ड
बोले मस्तकों के झुंड
आज जंग की घड़ी की तुम गुहार दो
आन-बान-शान या कि
जान का हो दान
आज इक धनुष के बाण पे उतार दो...
हो दया का भाव या कि
शौर्य का चुनाव या कि
हार का वो घाव
तुम ये सोच लो...

या कि पूरे भाल पर
जला रहे विजय का लाल
लाल ये गुलाल तुम ये सोच लो
रंग केसरी हो या मृदंग केसरी हो या कि
केसरी हो ताल तुम ये सोच लो...

जिस कवि की कल्पना में
ज़िन्दगी हो प्रेमगीत
उस कवि को आज तुम नकार दो
भीगती मसों में आज
फूलती नसों में आज
आग की लपट का तुम बघार दो...
आरम्भ है प्रचण्ड...

मन करे तो प्राण दे जो
मन करे तो प्राण ले
वही तो एक सर्वशक्तिमान है
कृष्ण की पुकार है ये
भागवत का सार है कि
युद्ध ही तो वीर का प्रमाण है
कौरवों की भीड़ हो या
पांडवों का नीड़ हो
जो लड़ सका है वो ही तो महान है...
जीत की हवस नहीं
किसी पे कोई वश नहीं
क्या ज़िन्दगी है ठोकरों में मार दो
मौत अन्त है नहीं तो
मौत से भी क्यों डरें
ये जाके आसमान में दहाड़ दो
आरम्भ है प्रचण्ड...

फ़िल्म : गुलाल
संगीत : पीयूष मिश्रा

राणाजी म्हारे

(एक पॉलिटिकल मुजरा)

राणाजी म्हारे
गुस्से में आएँ
ऐसो बल खाएँ
अगिया बरसाएँ

घबराऐ म्हारो चैन...
जैसे दूर देस के टॉवर में
घुस जाये रे ऐरोप्लेन
राणा जी म्हारे
ऐसो गुर्राएँ
ऐसो थर्राएँ
भर आए म्हारे नैन...
जैसे बिना बात ईराक में जा के
जम गए अंकल सैम
राणा जी म्हारी...सास ननद के ताने

राणा जी म्हारे...जेठ ससुर की बानी
राणा जी थारे लाज सरम कोई ना
राणा जी याँ को लोक धरम कोई ना...
सजनी को डीयर बोलें
ठर्रे को बीयर बोलें
माँगे हैं इंग्लिस बोली
माँगे है इंग्लिस चोली
माँगे है इंग्लिस जयपुर इंग्लिस बीकानेर...
जैसे बिस्लैरी की बोतल पी के
बन गए इंग्लिसमैन...
जैसे दूर देस के टॉवर में घुस जाए ऐरोप्लेन...

राणा जी म्हारी सौतन को घर ले आएँ
पूछे तो बोले फ्रैंड हमारी है हाए...
राणा जी ने ठंडा चक्कू यूँ खोला
बोले कि हाये ठंडा माने कोका कोला...

राणा जी बोले...
मोरों की बस्ती में है शोर राणी
क्योंकि...
ये दिल माँगे मोर...
मोर राणी मोर राणी मोर राणी...

म्हारी तो बीच बजरिया
हाय बदनामी हो गई
म्हारी तो लाल चुनरिया
सरम से धानी हो गई
म्हारो तो धक धक होए

ज्यों ज्यों बीते रैन...
जैसी हरेक बात पे डेमोक्रिसी में
लगने लग गयो बैन...
जैसे दूर देस के टॉवर में घुस जाये रे ऐरोप्लेन...
जैसे सरे आम ईराक में जा के जम गये अंकल सैम...
जैसे बिना बात अफ़ग़ानिस्तां का बज गयो दैया बैंड...
जैसे दूर देस के टॉवर में घुस जाये रे ऐरोप्लेन...

राणा जी म्हारे...

फ़िल्म : गुलाल
संगीत : पीयूष मिश्रा

जब शहर हमारा सोता है

एक बखत की बात बताएँ एक बखत की...
जब सहर हमारो सो गयो थो वो रात गजब की...
चहूँ ओर सब ओर दिसा से लाली छाई रे...
जुगनी नाचे चूनर ओढ़े खून नहाई रे...
सब ओर गुलाल पुत गयो
सब ओरों में
बिपदा छाई रे...

उस रात गगन से खून की बारिस आई रे...
उस रात सहर में खून की बारिस आई रे...
सराबोर हो गयो सहर और
सराबोर हो गई धरा...
सराबोर हो गयो रे जत्था
इंसानों का पड़ा-पड़ा...
सभी जगत ये पूछे था
जब इतना सब कुछ हो र्‌यो थो

तो सहर हमारा काहे बाईसा...
आँख मूँद के सो रये थो...
तो सहर ये बोल्यो
नींद गजब की ऐसी आई रे...
जिस रात गगन से ख़ून की बारिस आई रे
जिस रात सहर में ख़ून की बारिस आई रे...

सन्नाटा वीराना
ख़ामोशी अनजानी
ज़िन्दगी लेती है
करवटें तूफ़ानी
घिरते हैं साये घनेरे से
रूखे बालों को बिखेरे से
बढ़ते हैं अँधेरे पिशाचों से
काँपे है जी उनके नाचों से
कहीं पे वो जूतों की खट-खट है
कहीं पे अलावों की चट-चट है
कहीं पे हैं झींगुर की आवाज़ें
कहीं पे वो नलके की टप-टप है
कहीं पे वो काली-सी खिड़की है
कहीं वो अँधेरी-सी चिमनी है
कहीं हिलते पेड़ों का जत्था है
कहीं कुछ मुँडेरों पे रक्खा है
ज़िन्दगी थक पड़ी है, रुक गई हर घड़ी है
साथ सायों ने छोड़ा है, दायरा छूट दौड़ा है...
सुनसान गली के नुक्कड़ पर जो कोई कुत्ता चीख़-चीख़कर रोता है
वो लैम्प-पोस्ट की गन्दली पीली घुप्प रोशनी में कुछ-कुछ सा होता है
जब कोई साया ख़ुद को थोड़ा बचा-बचाकर गुम सायों में खोता है

जब पुल के खम्भों को गाड़ी का गरम उजाला धीमे-धीमे धोता है
जब कहती हैं आवाज़ें धीमे-धीमे गुपचुप गुपचुप कोई दास्तान
जब होती है ख़ामोशी बन्द अँधेरों की शक्लो-सूरत पर मेहरबान
जब अलसाया शैतान उबासी लेकर अपने जबड़े ख़ूँ से धोता है
जब अँगड़ाई को तोड़ चहलक़दमी करने की तैयारी में होता है
तब शहर हमारा सोता है...
जब शहर हमारा सोता है तो मालूम तुमको हाँ क्या क्या होता है
इधर जागती हैं लाशें ज़िन्दा हो मुर्दा उधर ज़िन्दगी खोता है
इधर चीख़ती है इक हव्वा ख़ैराती उस अस्पताल में बिफरी-सी
हाथ में उसके अगले ही पल गरम माँस का नरम लोथड़ा होता है
उधर गली के पत्थर को जकड़े सूखी लकड़ी के जैसे हाथों से
एक बुढ़ापा डरा-डरा सा आँख को खोले जागा-जागा सोता है
इधर क़ाफ़िला लेकर अपना फुटपाथों पर पड़ी मुफ़लिसी होती है
उधर आबरू खोकर आती इक हव्वा की बेटी देखो रोती है
इधर उठी हैं तक़रारें जिस्मों के झटपट लेन-देन में ऊँची-सी
उधर घाव से रिसते ख़ूँ को दूर गुज़रती आँखें देखें रूखी-सी
लेकिन उस कोने के रंग-बिरंगे होटल में गुंजाइश होती है
नशे में डूबे ज़ेहन से ख़ूँखार चुटकुलों की पैदाइश होती है
अधनंगे जिस्मों की देखो लिपी-पुती सी लगी नुमाइश होती है
लार टपकते चेहरों को कुछ शैतानी करने की ख़्वाहिश होती है
वो पूछे हैं हैराँ होकर
ऐसा सब-कुछ होता है कब
तो बतलाओ तो उनको ऐसा तब तब तब तब होता है
जब शहर हमारा सोता है...

फ़िल्म : गुलाल
संगीत : पीयूष मिश्रा

कन्फ़्यूज़्ड प्रेम का वास्ता

ऐसी सजा
देखी हवा
तन्हाई भी
तन्हा नहीं...
नींदें भी अब
सोने गईं
रातों को भी
परवा नहीं...

ऐसे में बारिश की बूँदों से अपनी
साँसों को सहला भी दो...
बढ़ती हवाओं के झोंकों से दिल को
नग़मा कोई ला भी दो...
पलकों की कोरों पे बैठी नमी को
धीमे-से झुठला भी दो...

ये ज़िन्दगी
ऐसी ही थी
तुमने कभी
जाना नहीं...

ऐसी सजा
देती हवा
तन्हाई भी
तन्हा नहीं
जीवन की राहों पे आना या जाना
बता के नहीं होता है...
जाते सभी हैं मगर जानते ना
कि आना वहीं होता है
खोने की जिद में ये क्यों भूलते हो
कि पाना भी होता है...
वो पल अभी
वैसा ही है
छोड़ा था जो
जैसा वहीं...
ऐसी सज़ा
देती हवा
तन्हाई भी
तन्हा नहीं...

फ़िल्म : गुलाल
संगीत : पीयूष मिश्रा

चकमक

बीड़ो दूजी थाली का लगे
बड़ा मसालेदार
मन बोले चकमक...चकमक...
चकमक चकमक चकमक...
खाई तो मचल गई रे
हो कजरारी नार
मन बोले चकमक...चकमक...
चकमक चकमक चकमक...

हमको दुनिया
की लाज सरम का
डर लागे है हो जी...
हम को दुनिया के लोक धरम का
डर लागे है हो जी...
पर इस जलते करेजवा पे कोई
फूँक मार दो जी

पर इस मनवा
की अगिया पे कोई
छींट मार दो जी...
मीठी सी कसक छोड़ के
चला गया भरतार
मन बोले चकमक...चकमक...
चकमक चकमक चकमक...

जुगनी मान गयो रे
जान गयो रे
बीड़ो की तासीर...
अरे कुरबान गयो
हलकान कि मसला
धुर्र पट्ट्ट गम्भीर
कैसे देवें रे इल्जाम
कि तू थी
संकट में आखीर...
मैं तो पूरा राजस्थान गयो
ना तेरे जैसी बीर...

संकट ऐसा सिलवट से कोई
हाल भाँप ले जी
करवट ऐसी दूरी से कोई
हाथ ताप ले जी...
निकले सिसकी जैसे बोतल का
काग जो उड़ा हो...
धड़कन जैसे चम्बल में घोड़ा

भाग जा पड़ा हो...
अँगिया भी लगे है जैसे
सौ सौ मन का भार...
मन बोले चकमक...चकमक...
चकमक चकमक चकमक...

फ़िल्म : गुलाल
संगीत : पीयूष मिश्रा

यारा...ओ मौला

यारा ओ मौला...
हाँ हाँ यादों में है अब भी क्या सुरीला वो जहाँ था
हमारे हाथों में रंगीन ग़ुब्बारे थे और दिल में महकता समाँ था
यारा ओ मौला
वो किताबों की थी दुनिया वो तो ख़्वाबों की थी दुनिया
साँस में थे मचलते हुए ज़लज़ले, आँख में वो सुहाना नशा था
यारा ओ मौला...
वो ज़मीं थी आसमाँ था, हमको लेकिन क्या पता था
हम खड़े थे जहाँ पर उसी के किनारे पे गहरा-सा अन्धा कुआँ था
यारा ओ मौला...
फिर वो आए भीड़ बनकर
हाथ में थे उनके खंजर
बोले फेंको ये किताबें
और सँभालो ये सलाखें
ये जो गहरा-सा कुआँ है
हाँ हाँ अन्धा तो नहीं है

उस कुएँ में है ख़ज़ाना
कल की दुनिया तो यहीं है
कूद जाओ लेके ख़ंजर
काट डालो जो हो अन्दर
तुम ही कल के हो शिवाजी
तुम ही कल के हो सिकन्दर
हमने वो ही किया जो उन्होंने कहा क्योंकि उनकी तो ख़्वाहिश यही थी
हम नहीं जानते ये भी क्यों ये किया क्योंकि उनकी फ़रमाइश यही थी
अब हमारे लगा ज़ायका ख़ून का अब बताओ करें तो करें क्या
नहीं है कोई जो हमें कुछ बताए बताओ करें तो करें क्या

फ़िल्म : गुलाल
संगीत : पीयूष मिश्रा

ओ रात के मुसाफ़िर

ओ रात के मुसाफ़िर
तू भागना सँभल के
पोटली में तेरी हो
भागना सँभल के...

चल तो तू पड़ा है
फ़ासला बड़ा है
जान ले अँधेरे के
सर पे ख़ूँ चढ़ा है
मुकाम खोज ले तू
मकान खोज ले तू
इनसान के शहर में
इनसान खोज ले तू
देख तेरी ठोकर से
राह का पत्थर
माथे पे तेरे कस के

लग जाए ना उछल के
ओ रात के मुसाफ़िर...

माना कि जो हुआ है
वो तूने ही किया है
इन्होंने भी किया है
उन्होंने भी किया है
माना कि तूने हाँ हाँ
चाहा नहीं था लेकिन
तू जानता नहीं कि
ये कैसे हो गया है
लेकिन तू फिर भी सुन ले
नहीं सुनेगा कोई
तुझे ये सारी दुनिया
खा जाएगी निगल के
ओ रात के मुसाफ़िर...

तू भागना सँभल के
पोटली में तेरी हो
भागना सँभल के...

फ़िल्म : ब्लैक फ्राईडे
संगीत : इंडियन ओशन

अरे रुक जा रे बन्दे

अरे रुक जा रे बन्दे
अरे थम जा रे बन्दे
कि कुदरत हँस पड़ेगी हो...

अरे मन्दिर ये चुप है
अरे मस्जिद है गुमसुम
इबादत थक पड़ेगी हो...

अरे नींद है ज़ख्मी
अरे सपने हैं भूखे
कि करवट फट पड़ेगी हो...

समय की लाल आँधी
कब्रिस्तां के रस्ते
अरे लथपथ चलेगी हो...

किसे काफ़िर कहेगा
किसे कायर कहेगा
तेरी कब तक चलेगी हो
समन्दर को बचाना
जरा-सा बाज से तू
तभी बत्तख चलेगी हो...

फ़िल्म : ब्लैक फ्राईडे
संगीत : पीयूष मिश्रा

1993 के धमाकों के बाद—पछतावा

भरम भाँप के
शरम ढाँप के
करम नाप के
भागा रे
करम नाप के...

जम्हूरी की माला बन गई
जी जंजाल का जाला है
भरम भाँप के...

जंग का रंग
सुनहरा समझा
लेकिन बाद में
गहरा समझा
जंग का रंग था काला रे
भरम भाँप के...

फ़िल्म : ब्लैक फ्राईडे
संगीत : पीयूष मिश्रा

रात हिंडोले पे

रात हिंडोले
पे बैठा इक
बन्दा रोता
झूल गया...
पढ़ ली आज
क़ुरान मगर मैं
आयतों को
भूल गया...
काहे रे मौला
को ढूँढे हैं
इस मकड़ी के
जाले में
वो ही बात
मदीना में है
जो है बात शिवाले में...
रात हिंडोले
पे बैठा इक...

फ़िल्म : गैंग्स ऑफ वासेपुर
संगीत : पीयूष मिश्रा

इक बगल में चाँद होगा

इक बगल में चाँद होगा इक बगल में रोटियाँ
इक बगल में नींद होगी इक बगल में लोरियाँ
हम चाँद पे रोटी की चादर डालकर सो जाएँगे
और नींद से कह देंगे लोरी कल सुनाने आएँगे

इक बगल में खनखनाती सीपियाँ हो जाएँगी
इक बगल में कुछ रुलाती सिसकियाँ हो जाएँगी
हम सीपियों में भरके सारे तारे छू के आएँगे
और सिसकियों को गुदगुदी कर करके यूँ बहलाएँगे

...अम्माँ तेरी सिसकियों पे कोई रोने आएगा
ग़म ना कर जो आएगा वो फिर कभी ना जाएगा
याद रख पर कोई अनहोनी नहीं तू लाएगी
लाएगी तो फिर कहानी और कुछ हो जाएगी

...होनी और अनहोनी की परवाह किसे है मेरी जाँ
हद से ज़्यादा ये ही होगा कि यहीं मर जाएँगे
हम मौत को सपना बताकर उठ खड़े होंगे वहीं
और होनी को ठेंगा दिखाकर खिलखिलाते जाएँगे

फ़िल्म : गैंग्स ऑफ वासेपुर
संगीत : स्नेहा खानवलकर

तेरी कह के लूँगा

रस भीगे सौदे का ये
ख़ूनी अंजाम तेरी कह के लूँगा...
खंजर से दूध गिरे या
हो कत्ले-आम तेरी कह के लूँगा...

साँसों को साँप सुँघा के
जंगली तलचिट्टा ला के
कह के लूँगा...
करवट को बेचूँगा मैं
मरघट के दाम तेरी
कह के लूँगा...
खुल्ली हो सड़कें तम्बू थाने चाहे
बिल्डिंग हो या बाग-बगीचा
जिस में बचना हो बच ले
बच मेरी जान तेरी
कह के लूँगा...

जा तू जा नद्दी सागर बीच बजरिया
या जा के पाताल में घुस ले
जिसमें घुसना घुस ले
घुस मेरी जान तेरी
कह के लूँगा...

फ़िल्म : गैंग्स ऑफ वासेपुर
संगीत : स्नेहा खानवलकर

बड़े वाले हरामजादे

हम जहर से भरे
बिच्छुओं में पले...
तू हमें काटने की सजा पाएगा...

आबरू की कसम
चीर देंगे तुझे...
दुम कटे साँप-सा
बिलबिला जाएगा...

आबरू के जने
द्रौपदी की कसम...
कौरवों की सभा
में जो आ जाएगा...
दु:शासन हैं हम
खींच लेंगे तुझे

आबरू जो बची है
लुटा जाएगा

आबरू की कही
आज सुन ले अभी
चोली लहँगा पहन के
कहाँ जाएगा...
जो हरेक छेद में
गोलियाँ जो पड़ीं
तो हरेक छेद बंसी
बजा जाएगा...

ओ छेदों के खुदा
मेरी सुन तो ज़रा
बीच बाज़ार में
जो तू आ जाएगा...
साँड बन के नचेगा
सरेआम तू
भाँड बन के मुहल्ले में
छा जाएगा...

हम तो दुर्योधन के पूत
साथ में रावण के चेले...
हम तो भरी पूतना सूपर्णखा
की गोदों में खेले...
हम तो ऐसे हैं चंडाल
चीर के कुत्ता खाते हैं
हम तो ऐसे तीरंदाज

आदमी ऐन चबाते हैं
अरे हम शकुनि हैं हम कंसराज
हम कुलटा सुलटा नीच
हम तो नरभक्षी हैं
गाय भैंस का चारा खा लें खींच
हम तो मार तमंचा जेल से निकले
जेल बेच आएँ
अरे हम किरकिट का बल्ला छोड़ो
हम खेल बेच आएँ

फ़िल्म : गैंग्स ऑफ वासेपुर
संगीत : पीयूष मिश्रा

आज दिल मनमौजी

आज दिल मनमौजी...
आज दिल मनमौजी
कैसे कर लूँ बात
आज की रात
हलक में दिल हाँ होगा...

खुला है बाजूबन्द
फटा है काज
सँभल के चलना होगा...

आज हम गाएँगे
प्रेम-प्यार के गीत
ये जग की रीत की
अब तो हिलना होगा...
हलक में दिल हाँ होगा
आज तो होगी रस की बात

हाथ में पकड़े उनका हाथ
आज दिल मनमौजी...

हाय रे भीगी देखो
हाय रे मन की चिड़िया
अरे ये 'फुर्र'
कर के जा बैठी रे
शाख डाल पर...
रात में झींगुर बोले
साथ में सुर सुर बोले
रात की बात बने सौगात
रात का साथ डाल कर...
तम्बू में बारात
अकेली जात
अरे क्या करना होगा...
आज दिल मनमौजी...

फ़िल्म : देसी बम!
संगीत : पीयूष मिश्रा

आओ याद करें

थोड़ा नज़ारा
चटपट बातें
ये ही कहानी
आते जाते...

थोड़ी हँसी है
थोड़े लतीफ़े
थोड़ा तराना
झटपट रातें...
अंधाधुंध है ये...
जीवन साला
पागल हाथी
उड़ती बुलबुल
चलता घोड़ा
कोई तो रोको...
लाओ कहीं से यार

गाने पुराने
बीते जमाने
भूली नज़्में...
सोई धुन है ये...
इसको जगा दो
सामने ला दो
सुबह उठा के
शाम जला के
रात बुझा दो...

थोड़ा नज़ारा
चटपट बातें
ये ही कहानी
आते जाते...
रात नशे में
बात नशे में
साथ नशे में आज
बोली है...
हाय नशीली
चूनर मेरी
साथ नशे में आज
चोली है...

कोई सँभालो
मर मर जाऊँ
गिर गिर जाऊँ
जैसे हो कोई भोर का तारा...

भोले मन की
भोने तन की
पीर ये कैसी
कोई ना जाने...
थोड़ा नजारा
चटपट बातें
ये ही कहानी
आते जाते...

फ़िल्म : देसी बम!
संगीत : पीयूष मिश्रा

चवन्नी

हाय रे रुपयों की भरमार
साथ में दबी चवन्नी...
हाय रे सिक्कों की झनकार
साथ में दबी चवन्नी...

देस का बोझा ले के
चार धाम में घूम गई सरकार
साथ में दबी चवन्नी...
सामने दो खादी की टोपी पहने
भूले बिछड़े यार
साथ में दबी चवन्नी...
हाय रे रुपयों की भरमार
साथ में दबी चवन्नी...

आज तो बाज़ारों के दाम देख के
जले अँगीठी...

अरे प्रैसर कुक्कर भी करे इसारे
दे के सीटी...
अरे रे मुझको छेड़ें सारे शोहदे
हॉट बोल के...
कि मेरे गालों के गड्ढे मुम्बई के
पॉट होल से...
हाय रे सैयां हैं मेरे सारे
सरकारी दैया...
कि खा गए मेरा सारा नून तेल
तरकारी दैया...
हाय रे क्या गत हो गई मेरे देस की
मैं ये बोली...
कि कैसे इक रूमाल के कपड़े से
बन जाए चोली...
मुलुक की चमड़ी ले के
दमड़ी चाबे
लंगड़ा साहूकार
साथ में दबी चवन्नी...
हाय रे रुपयों की भरमार
साथ में दबी चवन्नी...

हाय रे गोरे सैंया
डाल के डोरे सैंया
अरे तुम अमरीका से मेरा घाघरा
सिलने आए...
अरे बलिहारी जाऊँ
हाय मैं वारी जाऊँ
अरे तुम वासिंगटन से हाय बरेली

मिलने आये...
पहनूँ चटक ओढ़नी
अरे रे 'वी' कालर की...
मँगाऊँ छोटी कुर्ती
अरे रे एक डॉलर की...
हाय हाय हाय एक डॉलर की...
चवन्नी को देखा तो अमरीका ने
मारी है किलकार
साथ में दबी चवन्नी...
चवन्नी को देखा तो अमरीका ने
टपकाई है लार
साथ में दबी चवन्नी...
हाय रे रुपयों की भरमार
साथ में दबी चवन्नी...

फ़िल्म : चक्की
संगीत : इंडियन ओशन

चक्की

सुबह की चक्की में रातें भर दे
इंसा परेशां की बातें भर दे...
गीली-सी भूखों का मारा हुआ
इसमें तू सूखी-सी आँतें भर दे...

अन्धों की शादी में बहरे भरे
इनमें तू गूँगी बारातें भर दे...
बनिए की बहियों में दीमक चढ़ा
खूनी क़लम से तू खाते भर दे...

फ़िल्म : चक्की
संगीत : इंडियन ओशन

सरपट आया कैसे खोखला ज़माना रे

सरपट आया कैसे खोखला ज़माना रे
बन्दरों पे उस्तरा तो लोमड़ी पे जामा रे...
गोरे-गोरे हाथों में ताज़ी-ताज़ी रोटियाँ
मैले-मैले होंठों पे कोफ़्ता पुराना रे...

कल तक पूछता था हाल आज खो गया
भगदड़ भीड़ में आदमी सयाना रे...
वो तो अँगरेज हैं मैं बेवड़ा हूँ रेस का
देसी में मिलाकर थोड़ी वोदका पिलाना रे...

तड़ तड़ तड़ से पड़ी सौ-पचास जूतियाँ
कस लो लँगोट ऐसा ठरकियों ने माना रे...
रब भी बना के जोड़ी हाय कैसे रो गया
लौंडिया अनार है लौंडा अनारदाना रे...

सबको ये फिक्र है या अब गिरा कि तब गिरा
नौजवान शादी में बूढ़ा शामियाना रे...

फ़िल्म : द किलिंग ऑफ ए पोर्न फ़िल्ममेकर
संगीत : स्नेहा खानवलकर

फील गुड

देस फील गुड
भेस फील गुड
देस भेस फील गुड...
ना तो किट्ट किट्ट
बाकी सब फिट्ट
एकदम करैक्ट है ज़माना
ज़माना फील गुड...
चॉकलेट में काँटा...
च्युंग गम गम गम गम में चींटी...
सोना थोड़ा उछला
चाँदी थोड़ी फिसली...
काले रंग का कोला
मैले रंग का इंसां
थोड़ा-सा फरक है
रंगभेद कैसा ऐसा है तो क्यों है ऐसा...
किरकिट के बल्ले ने

बम को मारा छक्का
एक पूरी इनिंग्स का
एंड हो गया...
टॉवर पे, चिड़िया ने
कर दिया धमाका...
खाड़ी का राजा
सस्पैंड हो गया...
एकदम करैक्ट है एकदम करैक्ट है ज़माना
ज़माना फील गुड...
झंडियाँ कनातें रोज रोज रोज रोज बातें
कायदों की गठरी में वायदों की
वायदों की बातें...
डिजाईनर जुर्राबें
डिजाईनर की चोली
डिजाईनर का कुर्ता
डिजाईनर बरातें...
खादी की टोपी कौन दर्द समझे
खादी की टोपी में चाय गिर गई...
मम्मी तो डिस्को में नाचने गई हैं...
पापा की गर्लफ्रेंड...गर्लफ्रेंड...पापा की
गर्लफ्रेंड...गर्लफ्रेंड...हाय...
गिर गई...
एकदम करैक्ट है...एकदम करैक्ट है ज़माना
ज़माना फील गुड...

फ़िल्म : द किलिंग ऑफ ए पोर्न फ़िल्ममेकर
संगीत : स्नेहा खानवलकर

अन्त यही है

चार कन्धों पे चढ़ा
मिट्टी का पुतला बोलता
कि जाग ना पाऊँ अरे मैं
क्या करूँ मैं क्या करूँ...
कल तलक तो जागता
चारों दिशा में भागता
कि भाग ना पाऊँ अरे मैं
क्या करूँ कि क्या करूँ...

सारा जहाँ नचाया
जो राग मैंने गाया...
जो राग गाया था कभी
वो राग ना पाऊँ अरे मैं
क्या करूँ मैं क्या करूँ...

मेरे कदम बेबाक थे
मेरे करम बेदाग थे
जो आग थी अन्दर मेरे
वो आग ना पाऊँ अरे मैं
क्या करूँ कि क्या करूँ...

तिरिया चरित

नैन रस भीगे-भीगे
बाद चन्द दो पल के जैसी...
दिन कसी चोली-सा है
रात बन्द बोतल के जैसी...
हुई थी छोटी मुलाक़ात
तंग जोबन के जैसी...
हाय रे घर लाई सौगात
बबूला तन के जैसी हाय...हाय...हाय...
घबराई रे हाय राम
शरमाई रे हाय राम
भरपाई रे हाय राम जी रे

खाट सरका के
पास में ला के
अरी ओ भौजाई जाना री
आज बतला के...

कभी मर जाऊँ
कभी डर जाऊँ
कभी अँगड़ाई तोड़ूँ
हाय पसीना ला के...
अरे ये अँगिया चोली
भीग के मन भर हो ली
कमर तो लचकी जाए हाय
अरे बल खा के...
कहीं मैं कर बैठूँ ना पाप
यहाँ से जा के...
अरे ये कैसी है ये
रात-रात जोगन के जैसी
धौंकती साँसों की आवाज़
धौंकते मन में जैसी
हाय हाय हाय
घबराई रे हाय राम
शरमाई रे हाय राम
भरपाई रे हाय राम जी रे

हाय घर आऊँ
ऐंठती जाऊँ
भोर को सोऊँ
सारी रात अरे सरमाऊँ
अरे मैं धक जग जाऊँ
हाय कहीं सन्नाटा होता
खौलते कम्बल की करवट में
कोई काँटा होता
हाय घर आऊँ

ऐंठती जाऊँ
बरसाती बारिस में भी
आग लगे लगे जंगल के जैसी
मचा हो कोई अखाड़ा
धूल-भरे दंगल के जैसी
हाय हाय हाय
घबराई रे हाय राम
शरमाई रे हाय राम
भरपाई रे हाय राम जी रे

कोक स्टूडियो—सीजन 2
संगीत : पीयूष मिश्रा

हुस्नाँ

लाहौर के उस पहले ज़िले के, दो परगना में पहुँचे
रेशम गली के, दूजे कूचे के, चौथे मकाँ में पहुँचे
कहते हैं जिसको, दूजा मुलुक उस, पाकिस्ताँ में पहुँचे
लिखता हूँ ख़त मैं हिन्दोस्ताँ से, पहलू-ए-हुस्नाँ में पहुँचे
ओ हुस्नाँ...

मैं तो हूँ बैठा, ओ हुस्नाँ मेरी, यादों पुरानी में खोया
पल पल को गिनता, पल पल को चुनता, बीती कहानी में खोया
पत्ते जब झड़ते, हिन्दोस्ताँ में, बातें तुम्हारी ये बोलें
होता उजाला, हिन्दोस्ताँ में यादें, तुम्हारी ये बोलें
ओ हुस्नाँ मेरी, ये तो बता दो
होता है ऐसा क्या उस गुलसिताँ में
रहती हो नन्हीं कबूतर-सी गुम तुम जहाँ
ओ हुस्नाँ...
पत्ते क्या झड़ते हैं पाकिस्ताँ में वैसे ही जैसे झड़ते यहाँ
ओ हुस्नाँ...

होता उजाला क्या वैसा ही है जैसा होता हिन्दोस्ताँ में हाँ
ओ हुस्नाँ...
वो हीर के राँझों के नग़मे मुझको, हर पल आ आ के सताएँ
वो बुल्ले शाह की, तक़रीरों के, झीने-झीने साए
वो ईद की ईदी, लम्बी नमाज़ें, सेवइयों की झालर
वो दीवाली के, दीये संग में, बैसाखी के बादल
होली की वो, लकड़ी जिसमें, संग-संग आँच लगाई
लोहड़ी का वो, धुआँ जिसमें, धड़कन है सुलगाई
ओ हुस्नाँ मेरी, ये तो बता दो
लोहड़ी का धुआँ क्या अब भी निकलता है
जैसा निकलता था उस दौर में हाँ वहाँ
ओ हुस्नाँ...

हीरों के राँझों के नग़मे क्या अब भी सुने जाते हैं हाँ वहाँ
ओ हुस्नाँ...
रोता है रातों में पाकिस्ताँ क्या वैसे ही जैसे हिन्दोस्ताँ
ओ हुस्नाँ...
पत्ते क्या झड़ते हैं पाकिस्ताँ में वैसे ही जैसे झड़ते यहाँ
ओ हुस्नाँ...
होता उजाला क्या वैसा ही है जैसा होता हिन्दोस्ताँ में हाँ
ओ हुस्नाँ...

कोक स्टूडियो—सीजन 3
संगीत : पीयूष मिश्रा

घर

उजला ही उजला शहर होगा जिसमें हम तुम बनाएँगे घर
दोनों रहेंगे कबूतर से जिसमें होगा ना बाज़ों का डर
मखमल की नाज़ुक दीवारें भी होंगी
कोनों में बैठी बहारें भी होंगी
खिड़की की चौखट भी रेशम की होगी
चंदन से लिपटी हाँ सेहन भी होगी
संदल की ख़ुशबू भी टपकेगी छत से
फूलों का दरवाज़ा खोलेंगे झट से
डोलेंगे महकी हवा के हाँ झोंके
आँखों को छू लेंगे गर्दन भिगो के
आँगन में बिखरे पड़े होंगे पत्ते
सूखे से नाज़ुक से पीले छिटक के
पाँवों को नंगा जो करके चलेंगे
चर-पर की आवाज़ से वो बजेंगे
कोयल कहेगी कि मैं हूँ सहेली
मैना कहेगी नहीं हूँ अकेली

बत्तख़ भी चोंचों में हँसती-सी होगी
बगुले कहेंगे सुनो अब उठो भी
हम फिर भी होंगे पड़े आँख मूँदे
कलियों की लड़ियाँ दिलों में हाँ गूँधे
भूलेंगे उस पार के उस जहाँ को
जाती है कोई डगर...
चाँदी के तारों से रातें बुनेंगे तो चमकीली होगी सहर
उजला ही उजला शहर होगा जिसमें हम तुम बनाएँगे घर

आओगे थककर जो हाँ साथी मेरे
काँधे पे लूँगी टिका साथी मेरे
बोलोगे तुम जो भी हाँ साथी मेरे
मोती-सा लूँगी उठा साथी मेरे
पलकों की कोरों पे आए जो आँसू
मैं क्यों डरूँगी बता साथी मेरे
उँगली तुम्हारी तो पहले से होगी
गालों पे मेरे तो हाँ साथी मेरे
तुम हँस पड़ोगे तो मैं हँस पड़ूँगी
तुम रो पड़ोगे तो मैं रो पड़ूँगी
लेकिन मेरी बात इक याद रखना
मुझको हमेशा ही हाँ साथ रखना
जुड़ती जहाँ ये ज़मीं आसमाँ से
हद हाँ हमारी शुरू हो वहाँ से
तारों को छू लें ज़रा-सा सँभल के
उस चाँद पर झट से जाएँ फिसल के
बह जाएँ दोनों हवा से निकल के
सूरज भी देखे हमें और जल के

होगा नहीं हम पे मालूम साथी
तीनों जहाँ का असर...
राहों को राहें भुलाएँगे साथी हम ऐसा हाँ होगा सफ़र
उजला ही उजला शहर होगा जिसमें हम तुम बनाएँगे घर।

एनिमेशन फ़िल्म : अर्जुन
संगीत : विशाल शेखर

जवान पांडवों की एंट्री—हस्तिनापुर में

भीषण है उन्माद कि छोरे
आए पूरे पाँच
कभी ना दिखे हस्तिनापुर में
ना दिखे हस्तिनापुर में...

कैसी चीते जैसी चाल
हाथ में ढाल
बदन विकराल
अखाड़े ताल ठोंक के
खड़े बाँकुरे
मुखड़े लालम लाल
कभी ना दिखे हस्तिनापुर में
ना दिखे हस्तिनापुर में...

हाय चकोरा दिल का भौंरा
इस नगरी में आये रे...
तंग लंगोटी पहन खड़े हैं

काट चिकोटी बहन चढ़े हैं
सर पे कैसा ताप
कि जैसे दुर्वासा का शाप
कि जैसे परशुराम का क्रोध
कि जैसे विश्वामित का जाप
अरे मैं धड़क धड़क-सी जाऊँ जैसे
अजगर छोड़े भाप
कभी ना दिखे हस्तिनापुर में...

हाय चकोरा दिन का भौरां
इस नगरी में आये रे
मगर सहेली
वो वाला जो...
लपट-लपट माथे पे जिसके
थिरक-थिरक कांधे पे जिसके
चलते-चलते जो हाथ धनुष पे
पटक-पटक कुश्ती में सब को
किलक किलक के
इस पे सच्ची
दिल नैया हो जाए...
कोई पुकारे कौंतेय तो
कोई पुकारे अर्जुन उसको
मन मेरा तो ता ता थैया
उई दैया हो जाये...
जोग ध्यान को भूलूँ मैं तो
तन मचले है पाप
कभी ना दिखे हस्तिनापुर में
ना दिखे हस्तिनापुर में...

एनिमेशन फ़िल्म : अर्जुन
संगीत : विशाल शेखर

पांडवों का वनवास

समय तो चलता आगे
कि कौआ मोती चाबे
कि हंस अकेला भागे
ये क्यों भला...
जो भी थे तिलक के धारी
आज वो चले हैं भारी
पाँव को बढ़ा...
क्या हुआ...
समय तो चलता आगे...

...आँख में तो आग भरी है
ऐसा कुछ हुआ है...
कर सकें मगर कुछ ना ही
जो वचन दिया है...
क्या इसे करम बोलें या
जीत या धरम बोलें या

बोलें क्या भला...
समय तो चलता आगे...

जो भी थे नरक के भागी
स्वर्ग वो चले हैं...
वो तो बोलें कलियुग है जी
हम तो चुप खड़े हैं...
जाने कैसी साँझ हुई है
लाज हाय बाँझ हुई है
देखो तो भला...

अरे क्या भूल हुई है
शरम सब धूल हुई है
भरम सब ओर से पूछे
ये तो बता...
जो भी ये तिलक के धारी
आज वो चले हैं भारी
पाँव को बढ़ा...
क्या हुआ...
समय तो चलता आगे
कि कौआ मोती चाबे
कि हंस अकेला भागे
ये क्यों भला...

एनिमेशन फ़िल्म : अर्जुन
संगीत : विशाल शेखर

शंकर स्तुति—ब्रह्मास्त्र के लिए

मन भीतर जो दानव है उसे मार गिरा
मार गिरा...
शोक नहीं संताप नहीं
अब रोक नहीं बाण चला
बाण चला...
मन भीतर जो दानव है उसे मार गिरा
मार गिरा...
जब काम क्रोध
और लोभ
तम तूने मार दिये...
और रण की शाम
मेरे नाम
कर तूने प्राण दिये...
जो मरा है
इस तरह से जग में
जय हुई है

देव लोक नभ में...
जनम सफल
संग अमर का पद
उसे दान दिये... दान दिये...
मन भीतर जो दानव है उसे मार गिरा
मार गिरा...
जब शाम रोज़
शिव की खोज
मन कर बैठा है...
तब काहे रात
दिन का बोझ
तन पर बैठा है...
जो करेगा
सब करेगा शंकर
तेरे नाम
सब करेगा शंकर
धनुष विकट
संग बाण प्रकट
तुझे दान दिये... दान दिये
मन भीतर जो दानव है
उसे मार गिरा
मार गिरा...

एनिमेशन फ़िल्म : अर्जुन
संगीत : विशाल शेखर

खांडव वन

पल में बखेड़ा रे
खेला रे मेला रे...
अब कर जा
संग में अकेला रे
कोई ना चेला रे
अब कर जा...

वन के अँधेरे में जादू का रेला है
अब कर जा...
देख जो भी मन से मार
देख जो लगन से मार
लगता वहीं बाण है...
जिसका अन्त आ चुका हो
उम्र जो बिता चुका हो
जाता वही प्राण है...
तू है वो बला... वो बला

जैसा अग में जग में ना ही आया दूसरा
आगे होगा क्या... होगा क्या
ऐसा होगा वैसा होगा काहे सोचें क्यों भला...
पल में बखेड़ा है
खेला रे मेला रे
अब कर जा...

पत्थरों को चीर के दिशाएँ फोड़ दे तू आज
तरकशों के तीर दायें बाएँ फोड़ दे तू आज
वीर के धरम को वीर ही सँभालता है
वो बचा है वो तो सिर्फ़ कायरों का शाप पालता है
पल में बखेड़ा रे
खेला रे मेला रे
अब कर जा...

एनिमेशन फ़िल्म : अर्जुन
संगीत : विशाल शेखर

अर्जुन-द्रौपदी की शादी

खान-पान लड्डू जलपान में जलेबी ऐ जी
ये लगन अनोखा खाने में लाओ तेजी
बरफी गुलाब जामुन पेठा मलाई लाओ लाओ
खीर मूँग हलवा मीठी डकार पाओ पाओ

वो तो धूप की आग के बाण जैसा
वो मधुमास का चाँद है
वो तलवार की नोंक की जान है तो
वो झंकार-सी तान है
सबको बुला के आज गाओ जी गाओ
इनको लगे ना कोई हाय बुरे मन की
संग में जो देख लो तो एक लगे शंकर है
संग में जो देख लो तो एक पार्वती...

मनवा गा रहा
गा रहा कैसे भीगे-भीगे भोलेपन में...भोलेपन में...

होगी ये क्या
ये क्या...जैसी भोगी भोगी सबने संग में...सबने संग में...
घी में है कढ़ाही भरपूर हाथ सेंको सेंको
आम खा लो बंधु गुठली को दूर फेंको...
मस्तराम हम हैं अब कोई ना सँभालो छोड़ो
छोड़ो जी सुराही मटके में मुँह को डालो डालो...
सोने की थाली-सी हो
चाँदी पिटारी सी हो
हीरे की मोती को छोटी अँगूठी-सी
जग से प्यारी हो...
संग में गुलाब हो तो
वो शरमा जाए...

चमचम आग हो तो
वो घबरा जाए
सुर में जो राग हो तो हो...
पूड़ी में थोड़ी-सी ओ डालो भंग हाय
हाय रे हाय रे...
जी में जी आ जाए
कि रंग-तरंग

रंग में मगन कि अंग अंग क्या करें
तुमरे संग क्या करें
ये उमंग क्या करें
छोरे...अब तो नगाड़ा
जम के बजा
नाचें उमड़ घुमड़ उमड़ घुमड़
मनवा गा रहा...

दूर आसमान में बला का जगमगाया आया
एक वीर देखो जाने कहाँ से आया आया
तीर है कमान है ये कैसा शक्तिमान है जी
जैसे हो धमाका गूँजा हो आसमान में जी
मनवा गा रहा...

एनिमेशन फ़िल्म : अर्जुन
संगीत : विशाल शेखर

अर्जुन

कर्म की तलवार ले के
धर्म की ललकार ले के
एक योगी था...
वो योगी...था सब पे भारी...

बाण उसकी साधना था
युद्ध तो आराधना या
एक योगी था
उसकी तो...महिमा थी न्यारी...

बरगद-सा खड़ा
तरकश को चढ़ा
जब जब उसने धनुष मरोड़ा
रण में काँपे तो
काल थर थर...

एक योगी था...
वो साधु...था या संहारी

जो ना कभी भी...निर्बल पे टूटे
वो बाण भी है, और तीर वही है
जो काल वचन की मर्यादा रखता
तो मान लो तुम...कि वीर वही है...
वो ज्ञान भी था...
ऐसा था शंकर का
अभिमान भी था...
ब्रह्मा का विष्णु का वो
रूप ले चिंघाड़ता था...
रण में काँपे तो
काल थरथर...
एक योगी था...
उसकी है...ये गाथा सारी...

वो शील भी था
शालीन भी था
आचार से वो
पांडव था सच में
पर सामने जो
रणघोर मचा है
विकराल शिव का
तांडव था सच में...
घरघोर था वो...
उत्तर था दक्षिण था
हर ओर था वो...

पूरब और पश्चिम पे अधिकार
धनुष टंकार करे जो
रण में काँपे जो
काल थर थर...
एक योगी था...
वो योगी था
सब पे भारी...

फ़िल्म : जॉनी जॉनी येस पापा
संगीत : वेद नायर

एक सपने की लोरी

रुन झुन रुन झुन
रात की नगरी...
रहते हैं टुन टुन
तारे यहाँ...
कि गुदगुदाएँ
हवा को आओ...
हा हा कर के
सारे यहाँ...
चर्रख चूँ टहनी पे
टिम्बक टू झूला...
आँखें कबूतर
साँसों में नींदें गुटरगूँ...
ऐलो जी ऐलो
सपने ही हैल्लो
देरी से आए मगर क्यूँ...
अपने शहर की

बातें सुनाओ
कैसे हैं सारे
तुम्हारे यहाँ
रुन रुन...

मैंने सुना है तुम्हारे शहर में
सर्दी की शामें आती हैं...
गर्दन का मफलर धुँधले से कोहरे में
दूर टहलने जाता है...
जलते अलावों की चटपट में बैठे
गाने पुराने सुनते हैं...
और फिर तुमसे कसके लिपटने के
मीठे बहाने बुनते हैं...
सपने जी मुझसे
ले लो विदा पर
आते रहना हमारे यहाँ...
टुक टुक आँखें
देखो करे हैं
हरदम कैसे
इशारे यहाँ
रुन झुन...रुन झुन...

फ़िल्म : जॉनी जॉनी येस पापा
संगीत : वेद नायर

सरपट मुम्बई

पीछे को दुनिया है
आगे को सपने हैं
हम तो भैया निकल पड़े हैं
भीड़ भड़क्का ता ता थैया...
एक रूपइया कुट्टी
और पाँच रूपइया छुट्टी
मिल गई शिल्पा शेट्टी
तो सौ का पत्ता चटक पसीना बाबू...
घर में खुल गया होटल
और छत से निकले लोकल
पाव की भाजी लऊकर
तो रगड़ा पेटीस चना चबैना बाबू...
पैरों में चक्कर है
सड़कों पे टक्कर है...
हम तो भैया निकल पड़े हैं

भीड़ा भड़क्का ता ता थैया...

सरपट सरपट जर्नी
सबकी अपनी करनी
ऐसी है सरगर्मी
कि आई माइंड एंड यू माइंड
योअर बिज़नैस...
चलता है तो आ जा
रुकता है तो जा जा
हम तो हैं भई राजा
वेलकॅम या बॉय बॉय
योअर हाइनैस
गलियों में पानी है
डिस्को में नानी है
हम तो भैया निकल पड़े हैं
भीड़ भड़क्का ता ता थैया...

दो ही बातें अच्छी
मस्ती मट्टरगश्ती
चली हमारी कश्ती
तो आई समन्दर भाई
हमारी बारी...
हम तो सब के बापू
हवा में हमरा टापू
देखो देखो बाबू
आसमान पे
उड़ने की तैयारी...

लंगर में चूल्हा है
बाजू में दूल्हा है
हम तो भैया निकल पड़े हैं
भीड़ भड़क्का ता ता थैया...

फ़िल्म : जो बन ना सकी
संगीत : पीयूष मिश्रा

जीने दो

ये आँखें क्यों भीगती हैं
ये सपना क्यों जागता है
कि ये पल जो बीता पल
आज संग क्यों भागता है...
इक चमके तारे की तरह
सुलगे अंगारे की तरह
संग क्यों भागता है...

जीने दो जीने दो जीने दो
मुझको जीने दो...
अरे जो बात हुई
वो बिखर गई या टूट गई
या जाने कब की रूठ गई
जो बात हुई...
जो अपने साथ रहे
वो रस्ते में ही छूट गए

या मंज़िल पा के रूठ गए
जो साथ रहे...
जंगल की बारिश की तरह
गर्मी की खारिश की तरह
संग क्यों भागता है...
ये आँखें क्यों भीगती हैं
ये सपना क्यों जागता है...
देखो कहीं बरसात हुई
जाने कहाँ बिना बात हुई
इसमें सारा सुख भीग गया
दुख की कहीं ना बात हुई
दुख की जो होगी बात अगर
सुख भी चलेगा साथ मगर
सुख का सहारा छोड़ दो
दुख ना रहेगा साथ कोई...
ये छोटी-छोटी बातें ये बातें हैं
ये ऐसा ही क्यों होता ये होता है
मानो तो सारा जीवन ये सोना है
मानो तो सारा जीवन ये धोखा है...
झूठी गुंजाइश की तरह
गूँगी फरमाइश की तरह...
संग क्यों भागता है...
जीने दो जीने दो जीने दो
मुझको जीने दो...
ये आँखें क्यों भीगती हैं
ये सपना क्यों भागता है...

मौत

तू कुछ करे ना करे
इक दिन कभी तो आएगा
रक्खा था जो सँभाल कर
वो राख-सा उड़ जाएगा...
कोई गया है नींद में
तो कोई दिन की धूप में
ये चार कांधों की गति है
चार कांधे पाएगा...
तू कुछ करे या ना करे...
किस बात की तू सोचता
किस बात में मशगूल है
इसको पलट देगा कभी तो
तेरी ही ये भूल है...
राही भी छुटते जाएँगे
साथी भी छुटते जाएँगे
फिर जो बचेगा वो वही

गठजोड़ बाकि मूल है...
ये क्या हुआ ये क्यों हुआ
इन ही सवालों के तले...
रोता ही आया आदमी
ऐसे ही रोता जाएगा...
तू कुछ करे या ना करे...
गड़गड़ सवालों के तले
इन चाँद तारों के तले
ये ज़िन्दगी और मौत के
उन गुम्म तालों के तले
कोई जो मतलब पाएगा
वो आदमी कहलाएगा
पर आदमी वो कौन है
क्या जान कोई पाएगा...
जो जान ले तो भी भरम है
या किसी की भूल है...
ये जीत का झूठा तसव्वुर
छोड़ पगले, छोड़ दे
ये खेल ऐसे ही चला
ऐसे ही चलता जाएगा...
तू कुछ करे या ना करे...

ज़िन्दगी

कहीं ये सीधी सादी ज़िन्दगी है
कहीं ये भोली भाली ज़िन्दगी है
कहीं ये रूखी कहीं ये भूखी
कहीं ये ख़ाली-ख़ाली ज़िन्दगी है...

कहीं तो जाँ से प्यारी ज़िन्दगी है
कहीं तो मीठी खारी ज़िन्दगी है
कभी रूलाती कभी हँसाती
कहीं ये सौ ग़म मारी ज़िन्दगी है...
कहीं ये सीधी सादी ज़िन्दगी है
कभी तो थपकी देती रातों में
कभी तो गरमी इसके हाथों में
कभी तो सिसकी लेके रोती है
कभी तो मुस्काई है बातों में...
कभी दुलारी कभी करारी
कहीं तो भरकम कहीं है भारी

ये तो देखी भाली ज़िन्दगी है
कहीं ये सीधी सादी ज़िन्दगी है...

कहीं तो बस चलते ही जाना है
कहीं पे रुक थक के सुस्ताना है
कहीं पे गिर गिर के मर जाना है
कहीं पे उठ उठ के बढ़ जाना है
कभी सुनहरी कभी रूपहली
कभी ये काली काली ज़िन्दगी है
कहीं ये सीधी सादी ज़िन्दगी है...

कहीं पे छप्पन साल जवानी है
कहीं पे दो पल में बुढ़ापा है
कहीं पे बचपन फीका फीका है
कहीं पे बचपन धूम धड़ाका है...
कहीं पे मीठी कहीं पे तीखी
ये कैसी साली ज़िन्दगी है...
कहीं ये सीधी सादी ज़िन्दगी है...

टीवी सीरियल : महाकुम्भ
संगीत : पीयूष मिश्रा

गीत-महाकुम्भ

कुछ भी ना हो ये प्रारम्भ है
कुदरत ताकती यूँ ही दंग है...
कुछ भी ना कहो प्रारम्भ
कुदरत ताकती है दंग
इसमें तैरता शंकर भभूति रंग है...
कुछ भी ना कहो ये प्रारम्भ है...

गंगा में फूटा छन्न से
ये पल किधर को जाएगा रे...
कि ये इधर को जाएगा
या कि उधर को जाएगा रे...

लेकिन उठेगा जलजला
ये भी जिधर को जाएगा रे...
पर मैं डरूँ इसके लिए
ये बोलता आकाश है रे

कि है अकेला ये कहीं या
कोई इसके पास है रे...
पर है अकेला तो भी लेकिन
हाँ मगर ये ख़ास है रे रे...
लेकिन अगर ये ख़ास है
तो आज ना आता नज़र
ये कल छुपा अहसास है
सृष्टि देखती यूँ ही दंग है
कुछ भी ना कहो ये प्रारम्भ है...

टीवी सीरियल : महाकुम्भ
संगीत : पीयूष मिश्रा

इक तरफ़ जीवन कहे कि साथ चल दे

इक तरफ़ जीवन कहे कि साथ चल दे
इक तरफ़ बचपन खड़ा है सुन्न गुमसुम...
इक तरफ़ ममता ने कोई बात बोली
इक तरफ़ आँसू टपक के हो गया ग़ुम

कि बचपन है अकेला...सब कुछ खो गया है
फिर भी कुछ बचा है
देखें बचा है क्या भला...
फिर भी इन आँखों के सूने बालपन ने
इन चिताओं की भभकती आग देखी
सैकड़ों अंधी-लपट शमशान देखा
नींद देखी और सुबकती रात देखी
कि मैं हूँ कौन हूँ मैं... ख़ुद से पूछता हूँ
कि कोई तो बता दे...
कोई तो बोलो तुम ज़रा

सबकी बोलती काहे बन्द है
कुछ भी ना कहो ये प्रारम्भ है
कुदरत ताकती यूँ ही दंग है

टीवी सीरियल : महाकुम्भ
संगीत : पीयूष मिश्रा

अब मचेगा घोर हाहाकार

अब मचेगा घोर हाहाकार तो इस बार जग में
कड़कड़ाती बिजलियों में बात ये है गूँजती...
फिर उठेगी चीख़ ये चीत्कार सौ-सौ बार नभ में
लड़खड़ाती तितलियों में बात ये है गूँजती...

बड़बड़ाते प्रेत हैं और सरसराती रेत है
कोई तो आया है कहीं ललकार ये है गूँजती...
धूमकेतु इक उठा है क़ायनातों के भँवर में
दे के इक चिंघाड़ हर इक बार ये है गूँजती...

तांडवों की मार है, डमरू का हर इक वार है
कि तैरती तलवार की झंकार ये है गूँजती...
अब मचेगा घोर हाहाकार तो इस बार जग में
कड़कड़ाती बिजलियों में बात ये है गूँजती...

फिल्म : गिफ़्ट
संगीत : कृष्णा

प्यारा सा एलियन

छोटा-सा है नकलची बन्दर
लगता है जैसे मोटा चुकन्दर
सर पे उसके देखो टेटू है बड़ा
खाता है भोंदू इतना पेटू है बड़ा
टब में ये तैराक है...
झूले में क्या धाक है...
हवा चले तो ऐसे हिलता
जैसे बाप का राज है...
ऐसा कलन्दर है ये
पेटू बवंडर है ये
चिड़िया दिख जाए
तो भाग खड़ा होता है ये
ऐसा सिकन्दर है ये नकलची बन्दर...
पर इसको देखो कैसे ये चलता है
मुड़ मुड़ के ये गिलहरी-सा मचलता है
छुप छुप के कोई इसको देखे तो

ये तनता है फौजी-सा बनता है...
चार उँगली के हाथ हैं
और दो उँगली की लात है
समझे है खुद को कहीं
उस्तादों का उस्ताद है...
प्यार से थप्पी दो ज़रा
जैसा भी है जो भी है अपना
जिगरी यार है बड़ा
ऐसा कलन्दर है ये
पेटू बवंडर है ये...
चिड़िया दिख जाए तो
तो भाग खड़ा होता है ये
सच में सिकन्दर है ये...

सब ढंग इसमें हैं जड़े
सब रंग इसमें हैं भरे
कि देखो आँखें सेंको...
किरकिट में फुटबाल में
झंडा ऐसा गाड़ा है
कि देखो पैसे फेंको...
अरे रे हीरा ये नायाब है
और मोती है खरा
और सर पर इसके चाँदी है
और सोने-से भरा...
अरे रे भीगे-भीगे ख़्वाब हैं
पक्का हौसला
कोई ग़म नहीं
किसी में दम नहीं

जो छोटू है साथ खड़ा...
इसका सिक्का जम गया
यार ये पक्का बन गया
अभी इसे ना रोका दादा
इसका तम्बू तन गया
ऐसा कलन्दर है
पेटू बवंडर है ये
चिड़िया तो छोड़ो
ये शेर भगा दे ओ भैया
पहुँचा सिकन्दर है ये
मोटा चुकन्दर
पेटू बवंडर
थोड़ा अन्दर थोड़ा बाहर
ये नकलची बन्दर